愛に出会った―

結局、
真実の愛
なんてないと
言うあなたへ

関 真士

目次

PART 2　夫婦の愛　夫婦の愛は神聖なものなのです

※聖句は新改訳聖書（日本聖書刊行会）を使用しています
表紙&本文イラスト　紙野夏紀

真の愛

真の愛は神から来るのです

PART 1

真の愛に見いだされ

愛は行動です。そして真の愛は、
今あなたに注がれている愛なのです。

Story 1

四つ葉のクローバー

四つ葉のクローバーを見つけると幸運になれるといいます。しかし、なかなか見つかりません。なぜなら、それが多くの三つ葉のクローバーの中に交ざっているからです。しかも、一万枚に一枚あるかないかということらしいのです。
「愛」という言葉は、世の中にあふれています。でも、その中に真の愛と呼べるものが果たして幾つあるでしょうか。「愛」という言葉や文字が多ければ多いほど、真の愛を見つけるのは難しくなります。

でも、だいじょうぶ。真の愛は必ず見つかります。なぜなら、それは確かにあるからです。真の愛とはどのようなものなのでしょうか。

1　真の愛は自己犠牲

明治時代に二葉亭四迷《ふたばていしめい》という小説家・翻訳家がいました。彼は、"I LOVE YOU." という英語を日本語に訳そうとしたそうです。当時、「愛」という単語はありましたが、それは現代の意味と少し違っていて、訳語には適当ではなかったようです。みなさんなら、「愛」という言葉を使わないで、"I LOVE YOU." をどのように訳しますか。

二葉亭四迷は、「私は、あなたのために死ねる」と訳しました。名訳ですね！

愛とは自己犠牲です。相手の幸せのために、自分のすべてをささげることです。

偽りの愛とは、逆に、相手の心や人生を奪おうとするものです。「愛しているから、あなたのために」と言いながら、実は自分のためだったりします。真の愛とは、与えて、与えて、与え尽くすものです。自分ではなく、相手の喜びのための自己犠牲です。

2　真の愛は迫って来る

私たちは、愛されることを追い求めています。理解されること、認められること、受け入れられること、赦されること、称賛されること……。でも、追いかければ追いかけるほど、それは離れていきます。愛されるためには、相手の要求、期待に応えなければなりません。そうして、自分を偽るようになります。そのうち、本当の自分を見失い、疲れ果ててしまいます。

偽りの愛は、自分を偽るように私たちに要求します。でも、真の愛は逆です。真の愛とは迫って来るものです。向こうから追いかけて来るものです。あなたをあなたのままで包み込むのが真の愛です。真の愛とは、追いかけるものではなく、受け取るものなのです。

3　真の愛は無条件

偽りの愛は、こう言います。「もし、あなたがもっと良い人になったら愛してあげよう」「あなたが優秀だから愛してあげよう」。「もし」とか「だから」という条件が必ず付きます。

しかし、真の愛は無条件です。あなたがどんな人であっても、あなたがあなたであるなら、ただそれだけで愛されるには十分なのです。あなたが愛されるために必要なのは、あなたがあなたとして、ここに今存在しているという事実だけで十分なのです。

4　真の愛は不変

真の愛は、変わりません。でも、私たちは変わります。良い人のときもあれば、悪い人のときもあります。良い状況もあれば、悪い状況もあります。感情も変わります。愛されていると実感できるときもあれば、できないときもあります。

世の中も変わります。価値観も変わります。人の評価も変わります。すべてが変わります。でも、真の愛は変わりません。どんなことがあっても変わりません。

愛は探し求めるものではなく

一九六四年、東京の郊外で生まれ育った私は、一〇代の頃は荒れ果てた生活を送っていました。家庭は崩壊していました。今でも、当時の景色は灰色です。心がいつも虚しく、怒り、焦り、自己嫌悪でいっぱいでした。何かをいつも探し求めていました。その探しものとは、真の愛だったのだと、今になればわかります。

そんな私は、一九八四年、一九歳のときに単身渡米し、コックの職人として働き始めました。人から認められ、評価され、称賛されるために、つまり愛されるためにがむしゃらに働きました。自分も絶対成功して一旗あげるぞ、とアメリカンドリームを夢見ていました。

そんなとき、レストランのオーナー夫妻がクリスチャンだったので、近くの教会に連れて行かれました。私はそこで聖書に触れ、人々の愛に触れ、初めて真の愛を知りました。そして、真の愛とは神の愛なのだと知りました。聖書には、「神は愛だからです」（ヨハネの手紙第Ⅰ・四章八節）と書かれています。

四つ葉のクローバーを見つける秘訣があるそうです。四つ葉とは、本来の葉が踏まれたり、傷つけられたりすることで発生するそうです。ですから、人通りの多い場所などにある可能性が高いと言われています。

私は、四つ葉のクローバーを探すように真の愛を探していました。でも、逆でした。実は、自分こそ四つ葉のクローバーなのだとわかりました。そして、神さまのほうが私を探して見いだしてくださったのだと思えるのです。愛は、探し求めるものではなく、すでに愛されている自分を発見することです。

私は、この四つ葉のクローバーのように踏みにじられ、傷ついていました。でも、私は見いだされました。そして、真の愛＝神の愛を知りました。そして人生が変わったのです。

愛とは、名詞ではなく、動詞だといいます。愛とは、理論ではなく、行動です。真の愛＝神の愛とは、今あなたに注がれている愛なのです。

御大切な存在――世紀の大発見

あなたは、だれがなんと言おうと、
最高に価値ある存在なのです。

Story 2

大切なもの

一五四九年といえば、フランシスコ・ザビエルによって初めてキリスト教が日本に伝えられた年だと言われています。その後、一六〇三年、徳川家康が江戸幕府を開いたその年に、イエズス会の宣教師たちによる日葡辞書（日本語・ポルトガル語辞書）が作られています。その辞書の中では、今私たちが使用している「愛」という言葉に相当するものが「御大切」と訳されています。

「大切」とは、大いに切迫するという意味から来ているそうで、緊急事態をあらわしています。つまり、もし「火事だーっ！」となったとき、真っ先に思い浮かぶもの、手が伸び、足が向くものです。それは間違いなく、当人にとって「大切」なものであるはずです。

宣教師たちが伝えたかったのは、「神は、あなたを愛しています」ということでした。それを、「神にとって、あなたは御大切です」と表現したのです。

オンリーワンの価値

それでは、私たちはどれほど御大切なのか、その価値とはどれほどのものなのかを考えてみましょう。

まず、価値とは、少なければ少ないほど、高くなります。世界でたった二枚しかない切手があったそうです。その内の一枚がオークションに出品されました。一人の紳士が、その切手を落札しました。次の瞬間、紳士は、その一枚の切手を手に取り、大勢の人が見守る中でポケットからライターを取り出し、焼いてしまったそうです。唖然とする人々を前に、紳士はポケットからもう一枚の切手を取り出して言いました。

「これで、この切手は正真正銘、世界でたった一枚の切手になりました」

二枚ではなく、一枚であるからこそ、価値は高くなるのです。それでは、自分という存在は、どれほど少ないのでしょうか。世界人口の約八〇億人分の一ではなく、過去、現在、未来にわたって存在してきた全人類分の一ですから、これ以上少ない存在はありません。しかも、かけがえのない唯一無二の存在です。だから、あなたは御大切な存在なのです！

壁に飾られた絵のように

また価値とは、その制作者が決めるものです。私の行きつけのカフェには、さまざまなアーティストの絵が飾られています。そして、絵の下には値段が書いてあります。それは、制作者が自分で付けた値段です。私の目には、この値段は高すぎるでしょうと思えるものもあります。でも、その絵の値段、つまり価値を決めることができるのは、その制作者だけです。

あなたの価値を決めるのは、だれでしょうか。親でしょうか。学校の先生、友だち、会社の上司、部下、世間さまでしょうか。あなたはだれのものなのでしょうか……。確かに、それぞれがそれぞれの価値観に基づいて、あなたを判断しようとします。私たちは、壁に飾られた一枚の絵のように、常にさまざまな目にさらされています。そのような現実から逃れることはできません。しかし、だからと言って、その判断、レッテルが正しいというわけではありません。

もし神という存在がおられて、その神が私たちを造られ、私たちは神のものであるなら、あなたの存在価値を決めるのは神だけです。聖書の中に次のような言葉があります。「わたしの目には、あなたは高価で尊い、わたしはあなたを愛している」（イザヤ書四三章四節）。

人生のテーマが変わる

私は、二〇代の後半、心が行き詰まったという経験をしました。そのとき、自分の人生のテーマというものを考えてみたのです。すぐにわかったのは、私の人生のテーマが「人にどう思われるか」だということでした。

私は、物心ついたときから、人の評価が私の存在価値を決めていたことに気づきました。それは、育った家庭環境や三人兄弟の次男という立場などが影響していたと思われます。自分の心は、人にほめられれば上がっていき、少しでも失敗したり、叱られたり、注意されたりすると一気に下がっていきます。まるで気分はジェットコースターのようでした。常にジェットコースターに乗っているのですから、心が疲れ果てました。

そして、気分上々でいるためには、いつも良い評価を得ていなければなりません。ですから、人に合わせ、人の期待に応えて、その人にとっての良い人を必死に演じていました。自分の本音を隠し、自分を偽り、本当の自分を押し潰しながら生きていたのですから、心が行き詰まるのは当然です。

そんな私が、前述の聖書の言葉に出会ったとき、初めて人の目ではなく、神の目を知ったのです。そのときから、「人にどう思われるか」という人生のテーマが変わりました。新しいテーマは、「最高に価値ある自分を生きる」です。

壁に飾られている絵が、実は世紀の大発見になることもあります。二〇一二年、調査の結果、作者不明の絵が実はゴッホの絵だったと判明。二〇一六年、ドイツ人シーボルトが持ち帰った絵は、実は葛飾北斎の絵であることが判明……等々。

しかし、本当の世紀の大発見、それは、あなた自身が本当の自分の価値を発見することです。あなたは、だれがなんと言おうと、自分で自分のことをどう思うとも、最高に価値ある存在なのです。高価で尊い、かけがえのないあなたです。あなたは御大切な人なのです！

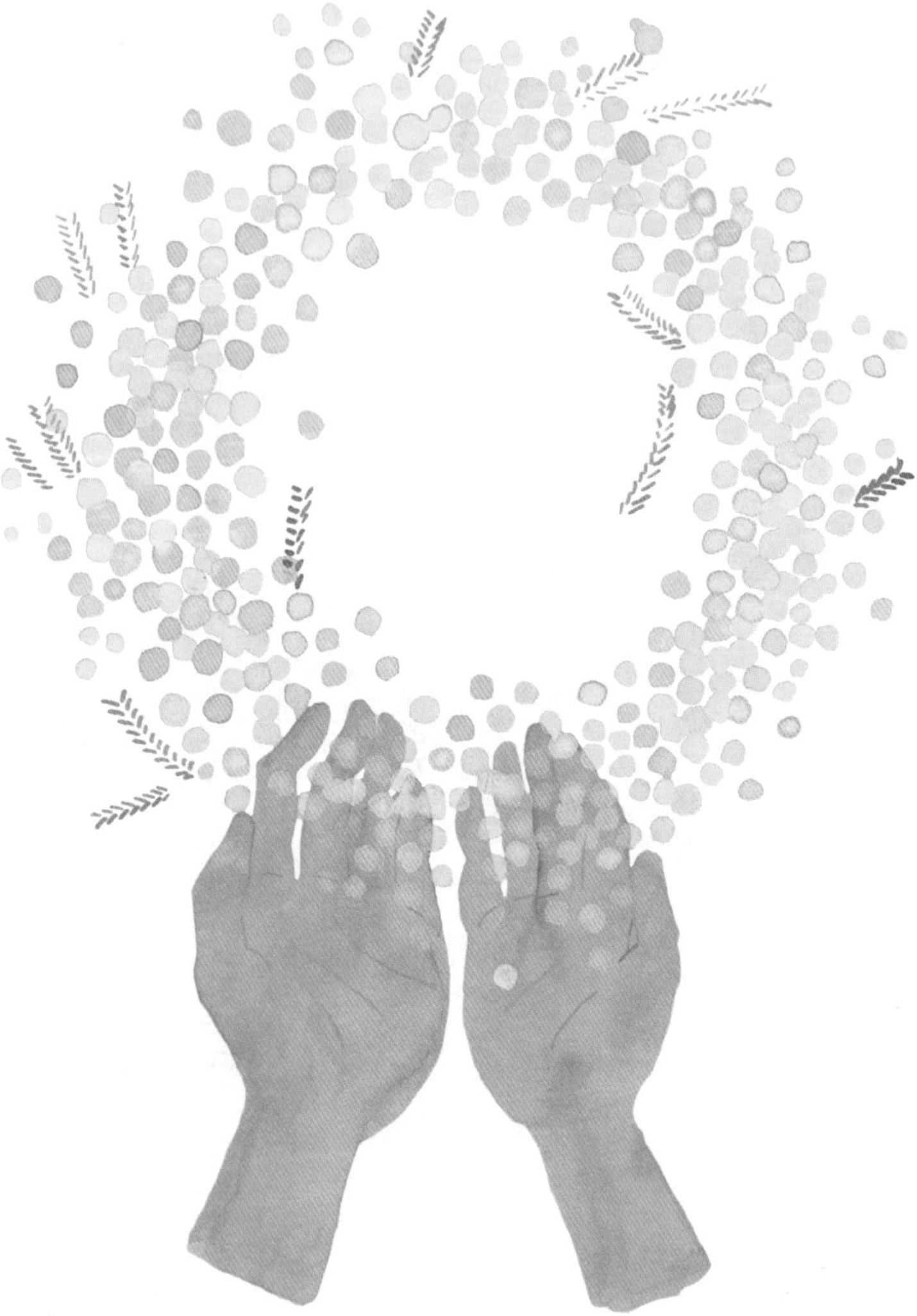

Story 3

オンリーワンを生きる

オンリーワンの価値観は、
隣ではなく、上を見上げます。

何が私たちを動かしているのか

私たちの社会を動かしている原理は、さまざまありますが、その中でも強力なのは、「競争原理」です。これは、現代社会のありとあらゆる分野を動かしている原理です。

競争とは、比較です。もしこの社会から、比較というものが一掃されたら、どうなるでしょうか。おそらく混乱するでしょう。なぜなら、それは基準を失うことだからです。

比較を抜きにしたら、何を基準に物事を評価するのでしょうか。競争をなくしたら、何をモチベーションにしてがんばるのでしょうか。しかし、この競争、比較というものが、人間の心を追い詰め、セルフイメージを低くし、存在不安をもたらす元凶であることも確かです。

ある教育の専門家が、現代のいじめの問題は、教育の失敗ではなく、教育の成果だ、と皮肉を込めて述べていました。競争原理に基づく教育では、隣人は基本的に敵です。敵とは、攻撃と排除の対象なのです。

物事がうまく行き、連戦連勝のときには、競争原理が好ましく思えます。隣を見るたびに、満足感を味わえるからです。しかし、この原理の致命的な欠陥は、競争に負けたら終わりだということです。一度でも失敗したり、みんなの流れから外れたり、立ち止まってしまうと、それで終わりなのです。そして私たちは、だれ一人勝ち続けることができません。

競争、比較の原理には、これで十分ということがありません。ゴールのない競争なのです。今一番であっても、次の瞬間には、二番にならないための競争が続きます。

この原理の中で、自らの存在価値を見失い、自分で自分の人生を終わりにしようと追い詰められている人々が大勢います。競争原理とは、最終的には敗者しか生み出さない、欠陥のある原理なのです。

オンリーワンの原理

私たちに必要なのは、競争、比較の原理に代わる別の原理を持つことです。比較とは、隣を向くことです。そのとき、私たちは常に優劣を意識してしまいます。もし私たちが、競争原理に代わる価値観を持つことできるとするなら、それは隣ではなく、上を見上げるときだけです。

私は、サンフランシスコの近くに住んでいたことがあります。サンフランシスコは坂で有名な街です。

ある日のこと、スリリングな坂道のドライブを友人と楽しんだあと、当時一番の高層ビルの最上階にあったカフェに行きました。まだ昼間だったのですが、そこから街を見下ろしていたとき、「下を見て何か気づかない？」と、友人が言ったのです。私は、しばらく考え込みましたが、わかりませんでした。

そこで友人が言ったのです。「下では、あんなに坂があったのに、上から見たら、みんなフラットに見える」。確かに、上から見れば、道路の高低がわからないのです。続けて友人は、「神さまも同じだね」と言ったのです。

私たちは、隣を見て、高い低いと比較して一喜一憂していますが、神の目から見たら、そこには高低差も比較もなく、ただ存在だけが見えているのでしょう。

自分を生き抜く

私たちの人生の真の成功、勝利とは、競争に勝つことではありません。真の成功と勝利とは、オンリーワンの自分を生き抜くことです。オンリーワンの原理こそ、競争原理に代わるものです。

あるとき、ハワイのわが家に、一〇〇メートル競走の選手が練習のためにやって来ました。彼は、オリンピックの代表選考会に選ばれたアスリートです。その彼が言うには、競争に勝つ秘訣は、競争しないことだというのです。

つまり、隣の選手を意識した瞬間に、本来の自分の力を出し切れなくなるというのです。その意識が、身体のどこかに余分な力をもたらし、微妙にフォームが崩れてしまうからです。まさに競争そのものの競技において勝利する秘訣は、オンリーワンの自分を表現しきること。大切なのは、一番か二番かという結果ではなく、自分の力を一〇〇パーセント出し切ったかどうかなのです。

最高に価値ある者として

私たちは、オンリーワンの原理に生きるとき、自分の存在価値を見いだすことができます。その人にしかない輝きが必ずあるからです。みんなと同じでなくてよいのです。みんなと違うということは、優劣ではなく、個性なのです。

人間の行動とは、自らの存在価値に応じて表現されます。自分など価値のない存在だと思っている人は、人を悲しませたり、傷つけたり、自分自身も傷つけるという、価値のない行動をしてしまいがちです。

自分が最高に価値ある存在だと思っている人は、人を助け、励まし、生かすという、価値のあることに自分を使うようになります。

聖書には、次のように記されています。「私たちは神の作品であって、良い行ないをするためにキリスト・イエスにあって造られたのです」(エペソ人への手紙二章一〇節)。

この社会から、競争、比較がなくなることはないでしょう。しかし、そこに呑《の》み込まれることはありません。私たちは、あくまでもオンリーワンの価値観の中で、隣を見るのではなく、上を見上げて生きていきたいと思います。あなたは、あなたとして、神の最高傑作品として造られた、最高に価値ある存在なのですから。

Story 4

ありのままの姿で

神は、ありのままの姿のあなたを愛しておられます。

自分の本当の姿とは

「ありのままの姿で」「素顔のままで」「自分らしく」などは、とても響きのよい言葉です。でも、改めて本当の自分の姿って何だろうと考えると、意外と考え込んでしまうものです。

今、私が住んでいるハワイの家の洗面所には、横長の鏡があります。毎朝、その鏡に映る自分の顔を見るのですが、ある日はむくんでいるように見え、ある日はすっきりと細く見えたりします。何か変だなと思ったら、鏡の中央と端では、映り方が違うことがわかりました。たぶん屈折率が違っているのだと思いますが、それではいったい太い顔と細い顔と、どちらが本当の自分の顔なのでしょうか。

よく考えると、今のような精巧な鏡のない時代には、水面《みなも》に映る顔などを見ていたのですから、昔の人は一生、正確な自分の顔を知らなかったのかもしれません。

顔かたちもそうですが、自分の性格や本音にしても、ありのままの自分の姿とは、意外とわかっていないものです。ありのままの姿とは、よほどすばらしい姿なのか、それともかなりひどい姿なのか……。そう考えると、本当の自分の姿を知るのは、少し怖い気もします。

ありのままの姿になれますか

ヘンリ・ナウエンというカトリック教会の司祭がいました。ハーバード大学の教授であり、その著作は多くの人に感銘を与えてきました。人格的にもすばらしく、人々からの尊敬と称賛を受けていました。

そんな彼が、あるとき、知的障がい者の人たちが共同生活する村を訪ねたのです。そこで暮らしている人たちが彼を出迎えるためにやって来ました。そのとき彼は、言いようのない恐れを感じたというのです。なぜでしょうか。

通常ですと、まず自己紹介から始めます。名前を言い、どこから来たのか、何をしているのかなどを話します。でも、今目の前にいる人たちには、これまで自分がどのような人間であるかを紹介するために使っていた言葉が一つも通じないのです。自分の名前が有名であることも、ハーバード大学の教授という身分も、とても売れている本を書いている著者であることも、多くの人から尊敬されていることも、何一つ通じないのです。

今、目の前にいる人たちの目に映っている自分は、まさにありのままの自分でした。ナウエンは、そのときに恐れを感じたのです。彼らの無垢《むく》な目で見つめられるとき、普段から愛を説いている自分の愛のなさや、強く見せている自分の弱さや、人々から称賛されていても実は孤独であることや、そんなありのままの自分が見透かされ、丸裸にされたように思えたのです。

そして、もしこの人たちにそっぽを向かれて拒否されたらと思った瞬間、恐れが襲ってきたのでした。

しかし、障がい者の人たちは、喜びをもってナウエンを迎えました。大歓迎してくれたのです。そのとき、彼はいやしを経験したといいます。自分の評判や地位や実績のゆえではなく、ありのままの自分が受け入れられたからです。

それでもなお愛されている

聖書には、「主よ。あなたは私を探り、私を知っておられます」（詩篇一三九篇一節）と書かれています。

神は神ですから、私たちのすべてを知り尽くしておられます。過去、現在、未来にわたって、私たちの心の思い、発した言葉、行動など文字どおりすべてを知っておられます。まさに、ありのままをご存じなのです。そこまで知られて、どうでしょうか。私たちの最低最悪の部分、闇の部分もすべて知られるというのは、さすがに困りますし、怖いことです。

しかし、神はすべてを知り尽くしたうえで言われるのです。「わたしは、あなたを愛している」と。

神は、私たちの良い所や清らかな面を見て、愛してくださるのではありません。むしろ、私たちが知られたくない面をすべて知ったうえで、それでもなお、私たちを愛してくださっているのです。

ありのままの姿で生きる

だれもが、ありのままの姿で生きたいと思っています。しかし一方で、ありのままの自分を表現するのに恐れを感じることもあります。

私は、ある時期、あまりにも周囲に合わせすぎて、本当の自分の顔がわからなくなったことがありました。きょうこそは、「ノー」と言って断るぞ、と決心して出かけても、相手の前ではニッコリ笑って、「ハイ」と言ってしまうのです。そんな自分に対する嫌悪感で心はいっぱいでした。

とうとう怒っている顔、笑っている顔、どっちが本当の自分の顔なのかもわからなくなりました。それくらい、相手に合わせて自分の顔を作っていたのです。本音で生きたい！と心の中で叫んでいるのですが、自分に自信がなく、心の叫びとは正反対に、ますます本当の自分を失っていきました。それは、人の反応を恐れる心から生じた生き方でした。

もし私たちが、ありのままの姿で生きることができるとすれば、それは、恐れが取り除かれるときです。聖書には、「愛には恐れがありません」（ヨハネの手紙第Ⅰ・四章一八節）と書かれています。

神は愛です。愛そのものです。あなたのありのままをすべて知っておられる神が、それでもなお、あなたを愛してくださっているのです。ありのままの姿のあなたが愛されているのです。愛されているその自分を生きることが、ありのままの姿で生きることなのです。神の愛という鏡に映ったあなたの姿が、本当のあなたの姿なのです。

愛の法則

与えれば与えるほど増えていくもの。
それが愛です。

Story 5

最も強力な力

天才物理学者アルベルト・アインシュタインが発見した「一般相対性理論」は、世界に大きな影響を与えました。彼は一四〇〇通もの手紙を娘に送っているのですが、その中に次のような言葉があります。
「現段階では、科学がその正式な説明を発見していない、ある極めて強力な力がある。それは他のすべてを含み、かつ支配する力であり、宇宙で作用しているどんな現象の背後にも存在し、しかも私たちによってまだ特定されていない。この宇宙的な力は愛だ。愛は神であり、神は愛だ」（一部抜粋）。

神の愛。これこそ、この宇宙、この世界における最も強力な力です。そして、この愛には法則があるのです。それはあまりにも偉大で、深遠で、計り知れないので、まだ解明しきれていませんが、その法則の一端を考えてみましょう。

法則1　愛は循環する

愛とは、名詞ではなく、動詞だと言われます。愛とは、理論でも観念でもなく、行動なのです。神の愛が私に注がれ、私も神を愛する。神に愛されたように、私も他者を愛する。愛とは、常に動き、流れ、拡がっていくものなのです。

愛されて、愛して、愛されて、愛して、愛は限りなく循環します。この愛の循環が滞るとき、その社会にも、私たちの人間関係にも、何かしらトラブルが起こってくるものです。

人間の身体では、心臓というポンプから、全身に血液が行き巡り、動脈を通って、静脈から心臓に戻って来ます。そしてまた、心臓から押し出されていきます。心臓が弱くなったり、血管が詰まったりして血液が十分に流れないとき、さまざまな身体的トラブルが起こってきます。

私たちの心も社会も同じです。愛が循環しているとき、私たちは幸せですが、それが滞るとき、幸せではなくなるのです。

法則2　愛は与えるほど増える

私たちの心の中には、ラブタンクというものがあるようです。そのタンクが愛でいっぱいだと幸せです。しかし、そのタンクの愛が減ってくると幸せを感じられなくなってきます。今あなたのラブタンクには、どのくらいの愛が入っていますか。

このラブタンクには、不思議な法則があります。普通の水のタンクなら、水は、使えば使うほど減ります。ですから、減らないためには水を使わないことです。しかし、ラブタンクの中にある愛は、使わないと減り、使うと増えるのです。

イスラエルには死海という湖があります。なぜ死海と呼ばれるのかというと、塩分が濃すぎて生物が生存できないからです。その濃さは、人間がだれでもプカリと浮いてしまうくらいです。

なぜ塩分が濃いのでしょうか。実は、常に川から清水が流れ込んできているのですが、降雨量が少なく、気温が高く、流れ込む清水の量よりも、蒸発する水分の量のほうが多いからです。しかも、海抜が世界で一番低い所にあるため、水が出ていきません。そのため、水が循環せずによどんでしまい、さらに塩分が濃くなってしまうのです。

ラブタンクも同じです。せっかく愛を受けても、それを人に与えて循環させないとよどんでしまいます。私たちが愛することをやめるとき、愛の循環が止まり、ラブタンクの愛が空っぽになってしまうのです。

愛とは、与えれば与えるほど増えていくものです。あなたのラブタンクがいつもフレッシュな愛であふれるばかりに満たされているためには、一人でも多くの人に愛を分かち合っていくことです。愛されて、愛して、さらに愛されて、さらに愛して、愛を循環させるのです。

法則3　愛は神から出ている

もしあなたのラブタンクに愛が足りないと感じることがあったら、思いきって愛してみることをお勧めします。必ずしも特別なことをする必要はありません。相手の幸せのために、あなたができることを精いっぱい、心を込めてするだけでよいのです。

ときには、一緒にいるだけでもよいかもしれません。その人のために祈ること、その人の話に耳を傾けること、笑顔で挨拶すること、「いいね」を押してあげることでもよいでしょう。

それでも、もし本当に与える愛がないと感じたなら、どうしましょう。ガソリンがなくなったら、ガソリンがあるスタンドに行きます。お腹がすいたら、食べ物があるレストランに行きます。愛が足りなくなったら、どこに行けばよいのでしょうか。聖書には、このように書かれています。「愛する者たち。私たちは、互いに愛し合いましょう。愛は神から出ているのです」（ヨハネの手紙第Ｉ・四章七節）

神は愛です。愛は神から出ています。愛が足りないと感じたら、愛である神のもとに行くのです。そこで、自分が神にどれほど愛されているのかを知り、ラブタンクを満杯にしていただくのです。そして、また愛するのです。

前出のアインシュタインは、次のような言葉も残しています。

「人の価値とは、その人が得たものではなく、その人が与えたもので測られる」

あなたが、もし愛を人に与えるなら、あなたの価値は、これ以上ないくらいに最高だということです。なぜなら、この世の中において、いいえ、この宇宙において、愛とは最高のものだからです。神は愛です。愛は神そのものです。

パッションの愛

愛することは、
苦しむことなのです。

Story 6

愛とは、パッションです。まさに情熱的です。神の愛、それは、ほとばしるような、湧きあがるような情熱的な愛です。でもパッションには、もう一つ別の意味があります。

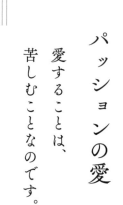

苦しむほどの愛

パッションフルーツといえば、その香りと味からして、南国フルーツの代表格でしょう。ハワイのわが家でも、パッションフルーツの苗を植えたことがあります。放っておいてもどんどん生長したので、たくさんの実を収穫することができました。それをジャムやジュースにしたら、思わずうっとりするようなおいしさでした。

このパッションフルーツ、まさに名前のごとく「情熱の果物」ですが、実は、「苦難の果物」という意味なのです。

英語の「パッション」という言葉は、日本語だと「情熱」、あるいは「苦難」とも訳されます。どちらが先かといえば、苦難が先なんだそうです。そこから情熱という意味が派生してきました。なぜでしょうか。「愛することは、苦しむこと」だからです。

愛するからこそ、相手が傷ついたり、苦しんだりすると、こちらも自分のことのように、ときにはそれ以上に苦しみます。代われるものなら、代わってあげたいとも思います。愛する人が受けた傷の痛みが、自分の痛みとして伝わってきます。それは愛しているからです。

どれほど相手を愛するかということは、言い換えれば、どれほど相手のことを想って苦しむかということです。その苦しみが深ければ深いほど、愛もまた深いのです。ただしそれは、自分の愛が受け入れられなくて苦しむ、自分のための苦しみではありません。相手の苦しみを、自分のこととして感じる苦しみです。そうすることが愛なのです。

真に相手のことを想う愛、苦しむほどの愛、そこから情熱という言葉が派生しました。

証拠を見せて

ある牧師がレストランにいたとき、隣の席のカップルの会話が聞こえてきてしまったそうです。男性のほうが、一生懸命に女性を口説いているらしいのですが、その女性は、最後に決めゼリフのように、「そんなに愛しているなら、証拠を見せて！」と言ったそうです。

その男性がどうしたかはわかりませんが、自分だったら愛している相手に、どのように愛の証拠を示せるでしょうか。一〇〇〇本のバラを贈ることでしょうか。高価な物をプレゼントすることでしょうか。改めて「証拠」と言われると、考えさせられます。

一方で、この女性の気持ちもわかる気がします。その愛が本物かどうか、確かめたくなるのは当然のことだと思います。愛という言葉は氾濫していますが、その愛を本当に信じてだいじょうぶなのか、特に愛という言葉で傷ついた経験(愛が終わった、愛が変わった、あの愛は嘘だったなどという経験)があると、それほど単純に相手の愛を信じることはできないでしょう。その愛は、本当に変わることがないのか、確かめたくなるのも無理はありません。

私たちは、愛されるために頑張っています。その頑張りが実り、容姿が美しくなり、仕事もお金もあり、魅力にあふれているときに愛されるのも悪くはありません。しかし、その魅力を保ち続けるのは大変なことです。

何かが心の中で叫んでいます。もし容姿が美しくなくなり、仕事もお金もなくなり、気持ちが落ち込み、輝きを失っても、それでも愛してくれるのかと……。「愛の証拠を見せて！」とは、自分が頑張らなくても、たとえ最低最悪の状態になっても、それでも「あなたの愛は変わらないのか」という心の叫びのように聞こえます。

神の愛の証拠

神から、「あなたを愛しています」と繰り返し言われるとき、神に向かって、「愛の証拠を見せて！」と言いたくなります。しかし神は、その証拠を歴史的事実として示してくださいました。それが、今から二〇〇〇年前のキリストの十字架です。この十字架は、神話でも、作り話でもありません。事実、起こった出来事なのです。

前述のパッションフルーツの名称の由来ですが、昔、南米に来たイエズス会の宣教師が、パッションフルーツの花の雄しべや雌しべを見て十字架を連想し、キリストが十字架で受けられた苦しみをあらわす「パッション」という名を付けたのだそうです。

十字架のネックレスは、多くの女性の首元を飾っています。本来、十字架とは、生きた人間をはりつけにする残酷な刑罰です。それが今や愛のシンボルとなっているのです。十字架におけるキリストの苦しみや痛みが、私たちへの愛のしるしだからです。まさに神の愛は、パッションの愛なのです。

その神の愛は、あなたが順風満帆で絶好調のときだけでなく、あなたが最低最悪の状態のときでも、決して変わらずに注がれています。「神さま、あなたの愛は本当に変わらないのですか。私が最低最悪に落ち込んでも、それでも変わらずに私を愛し続けてくださるのですか」。そう叫んだとしても、神はあなたの苦しみや痛みを、ご自分のこととして受け止め、同じ苦しみや痛みとして感じてくださいます。まさにパッションの愛なのです。

聖書には次のように書かれています。
「永遠の愛をもって、わたしはあなたを愛した」（エレミヤ書三一章三節）。
神の愛は、永遠に変わることのないパッションの愛です！

夫婦の愛

夫婦の愛は
神聖なものなのです

2

愛の専門学校で学ぶ

相手の幸せのために自分をささげること。
それが愛です。

Story 7

第一部では、「真の愛」をテーマに考えてきました。その愛は、単なる理論や観念にとどまらず、目に見える形をとってあらわれます。本来、愛の本質は普遍的なものですが、それがあらわれる形においてはさまざまです。愛する対象である相手との関係や、置かれている状況によって異なるからです。
第二部では、その愛が夫婦という関係において、どのような形であらわれるものなのかを考えていきたいと思います。

「愛する」と「愛し方」

人生とは学校です。生涯、人は何かを学び続けます。夫婦の歩みも同じです。特に夫婦が学ぶことは、まさに「愛」です。夫婦そろって「愛の専門学校」に入学し、年を重ねても学び続けるのです。

愛とは、本能的、潜在的に、すべての人に与えられている神からのギフトです。あるとき、ある人に出会うと、「愛する」という感情が芽生えてきます。だれかに教えられなくても、命じられなくても、自然と湧き上がってくるものです。愛は、学んで得るものではありません。

ただし、「愛し方」は学ぶ必要があります。心の内にある愛をどのように表現するかについては、だれもが学ぶ必要があるのです。それを学ぶのが「愛の専門学校」です。

夫婦関係において、一つやっかいなのは、相手に対する愛があるので、自分の表現している愛は、当然、相手に愛として伝わっていると思いがちだということです。

愛があるということと、愛が愛として伝わっているかどうかは、別なのです。愛の専門学校での最初の学びは、自分の内にある相手に対する「愛」と、その愛を表現する「愛し方」は別なのだということを理解することです。

愛し方のモデル

ここで一度立ち止まり、深呼吸して考えてみたいのです。自分の夫や妻への愛し方は、どこで学んだのだろうかと。当然、それは自分たち以外の夫婦関係から学ぶことになります。言うまでもなく、最も大きな影響を与えているのは、両親の夫婦関係です。その他、身近な夫婦、本やドラマ、映画といったところでしょうか。

あなたの父親は、母親をどのように愛していましたか。逆もしかりです。信頼と尊敬で結ばれ、健全な言葉のコミュニケーションを持っている両親のもとで育ってきた方は、とても良い影響を受けていることでしょう。しかし、現代においては、そのような良い影響を受けることができなかった方も、かなりおられるのではないかと思っています。
私の場合は、争ってばかりの両親のもとに育ち、母親からはいつも父親の悪口を聞かされ、父親は家からいなくなりました。正直なところ、両親の愛し合っている姿が思い浮かばないのです。そんなわけで、私は、妻への愛し方というものを学んだことがありません。いいえ、学べなかったのです。

学んだことがない！

そして、そのまま結婚しました。妻への愛があるので、自分のしていることは愛だと思い込んでいました。愛する妻に喜んでほしいと思い、ドラマやテレビで見たように、しゃれたレストランに連れて行ったり、花束をプレゼントしたります。

しかし、自分なりに愛を表現しました。自分でも、愛せていることに満足していました。

しかし、妻が一番求めている愛は違っていました。それは、彼女の話に耳を傾けること、彼女を励ますこと、彼女をありのままに受け入れることでした。私は、そうしたことがまったくできておらず、点数を付けるなら〇点に近い状態だったのです。

当然、妻は不満になります。しかし私は、「自分は愛している。この愛がわからない相手が悪い」とまで思っていました。満たされない妻に対して、「あれもした。これもした」と、自分の愛の正当性をわからせようと一生懸命になりました。

今思えば、それは自分の愛の押しつけでしかなく、妻の気持ちを理解しようとはしていなかったのです。押しつけの愛は、もはや愛ではありません。逆に相手を苦しめるものになってしまいます。

しかし、何度も衝突する中で、あるときふと思ったのです。「自分は、どこで妻への愛し方を学んだのだろうか」と。そのとき、「自分は学んだことがない！」という事実に気づいたのです。この事実を受け入れるのには、自分のプライドとの葛藤がありました。しかし、この気づきが愛し方を学び始めるきっかけとなったのです。それは、結婚してから五年くらい経った頃でした。

愛の専門学校へようこそ

そんな私も、結婚三〇年目を迎えました。まだ愛の専門学校を卒業していません。今でも一人の生徒です。この学校で私は、愛とは、押しつけることでも、自分の満足のために相手の心を奪うことでもなく、相手の幸せのために喜んで自分をささげることだと知りました。

まだまだ一〇〇点満点とはとても言えませんが、それでも最近、「私はあなたと結婚して幸せよ」と妻が言ってくれました。これは神の恵みであり、奇跡です。

最後に、学校には先生が必要ですね。その先生こそ、イエス・キリストです。私は今でも、このお方から「愛し方」を学んでいます。これから愛の専門学校で、ご一緒に学んでいきましょう。

「愛する者たち。私たちは、互いに愛し合いましょう。愛は神から出ているのです」（ヨハネの手紙第Ⅰ・四章七節）。

Story 8

あなたの愛、伝わっていますか

愛の言語を理解し、習得し、
さらに増やしていきましょう。

先に、愛があることと、愛し方は別だということをお話ししました。愛そのものは、学んで得るものではありませんが、愛し方は、学ぶ必要があるということでした。
ここでは、その続きとして、「愛し方」について考えてみましょう。その際に、米国人で結婚カウンセラーのゲーリー・チャップマンのアイディアをいただきたいと思います（『愛を伝える5つの方法』いのちのことば社、参照）。
彼は、何千というカップルをカウンセリングする中で、愛には言語があることを発見しました。日本語を知らないフランス人と、フランス語を知らない日本人のカップルでは、いくらお互いの愛を言葉で伝えても理解できません。同じように、愛にも言語があって、相手が理解できる言語で話さないと伝わらないということなのです。

五つの愛の言語

チャップマンは、以下の五つを愛の言語として挙げています。
①**肯定的な言葉**（相手をほめる言葉、励ます言葉）
②**サービス行為**（相手が求めている行為、家事の手伝いなど）
③**プレゼント**（目に見える物品など）
④**身体的なタッチ**（手をつなぐ、ハグ、セックスなど）
⑤**クオリティータイム**（相手に関心を集中して共に過ごす時間）
例えば、相手から肯定的な言葉をかけられたときに、愛されていると感じる

のであれば、あなたの愛の言語は「肯定的な言葉」となります。逆に愛を感じなければ、それはあなたの愛の言語ではないということです。

例えば、妻の愛の言語がクオリティータイムで、夫の愛の言語がプレゼントである場合、当然、夫は妻にプレゼントを贈ることで自分の愛を表現するわけです。

しかし、その言語は相手には理解できないので、妻に愛は伝わりません。むしろ、「あなたはなぜ私のことをわかってくれないの」と、愛を表現したにもかかわらず、逆に相手の不満を募らせてしまうという悲劇が起こることもあります。

愛の言語を理解する

あなたの夫の（妻の）愛の言語は、何でしょうか。二人で紙とペンを用意して、まず自分のこととして、五つの言語に五段階評価を付けてみましょう。最も愛を感じる場合は「1」です。まあまあ感じる場合が「3」、まったく愛を感じない場合は「5」です。同じ評価が複数あっても構いません。

次に、相手の愛の言語を、同じく五段階評価で予想して紙に書き、それを互いに見せ合ってください。そのときに、予想と相手の答えが合っていなくてもあわてないでください。それは、愛がないということではなく、愛の言語が違うということですから。

婚約中のカップルや既婚者のカップルにこの作業をしてもらうと、半分以上のカップルに関して、かなり予想と違う結果が出ます。あるカップルは、見事に予想が外れ、評価「1」の予想が実際には「5」だったりしました。一瞬、両者の顔が曇りましたが、それを知ることで、お互いがなぜ愛し方を学ぶ必要があるのかを納得することができたようでした。

愛し方を学ぶことの一つは、お互いの愛の言語を学ぶということなのです。

愛の言語を習得する

お互いの愛の言語がわかったなら、次のステップは、相手に自分の言語を習得させることを求めるか、それとも自分が相手の言語を習得しようとするか、そのどちらかです。愛するということであれば、それは後者でしょう。

外国で暮らした経験のある人に聞いたところ、例えば、アメリカで英語を習得する一番の近道は、英語を話すボーイ（ガール）フレンドを持つことだそうです。愛する相手に、自分の想いを理解してもらいたい、また相手の想いを理解したい、そのために相手の言語を習得しようと思うのは、自然なことだからです。

自分の知らない言語を習得する秘訣は、なんと言っても「聴く」ことです。心を込めて理解しようとして聴くことは、まさに愛なのです。

愛の言語を増やす

さらに、自分の理解できる愛の言語を増やすことも、相手への愛です。ある場合には、愛の言語がないという人もいました。それでは、相手がせっかく伝えてくれている愛が伝わりません。愛の言語が多ければ多いほど、それだけ愛されていることを実感できるチャンスが多いわけです。五つの愛の言語をすべて理解できるのであれば、一つの人よりも、愛を感じる機会が五倍になります。愛のストライクゾーンは、広ければ広いほど、お互いにハッピーなのです。

相手が、たとえ自分の愛の言語とは違う言葉で愛を伝えてきても、だからと言って、それが愛ではないということにはなりません。ただ言語が違うだけなのです。私にはわからないけれども、相手にとってのそれが自分への愛の表現だということを理解して、自分の愛の言語を増やすなら、それだけ愛を実感できるチャンスが増えることになります。

愛の学校では、愛し方を学びますが、同時に愛され方も学びます。お互いが、愛し上手、愛され上手になれたらすばらしいですね。

最後に、愛の言語の原点は聖書です。聖書は神の愛そのものだからです。聖書を通して、共通した愛の言語を持つことができたら、なおすばらしいことです。

「初めに、ことばがあった。ことばは神とともにあった。ことばは神であった」(ヨハネの福音書一章一節)。

夫婦――それは神聖なもの

自分にとって夫や妻は、
他の何者とも違う特別な存在なのです。

Story 9

夫婦とは神聖なもの

日本では、キリスト教式の挙式がとても人気があるそうです。結婚式には、神前式と人前式がありますが、神前式を選ぶ人は、漠然とでしょうが、「結婚とは神聖なものである」という意識をどこかに持っておられるようです。古今東西、結婚式にはなんらかの宗教的な要素が含まれているものです。
ところで、「神聖」の「聖」という言葉には、「区別」という意味が含まれています。夫婦が神聖なものであるということは、それが他のすべての人間関係とは、まったく別のものであるということです。しかも、「神」という言葉が付け加えられると、それは、神によって区別されたものであるということになります。

この区別が曖昧になるとき、つまり夫婦の神聖さが失われるとき、夫婦関係にはさまざまなトラブルが起こってきます。特に現代において、この夫婦の神聖さがますます見失われていく中、私たちは、その神聖さというものを取り戻していきたいと心から願います。

それでは、夫婦の神聖さとは、どういうものなのでしょうか。他の関係とは何がどう違うのでしょうか。私たちは、夫婦という愛の学校において「愛し方」を学ぶのですが、それは、夫だけへの愛、妻だけへの愛、他とは違う区別された夫婦にしかない「愛し方」を学ぶことなのです。

夫婦にしかない愛の表現

愛とは、普遍的なものですが、その表現は愛する対象によってさまざまです。夫、妻を愛するように、子ども、親、友人、ペット、お金、物を愛したらどうなるでしょうか。そうしたら、大変な問題が起きますね。妻を愛するように女友だちを愛したら、夫を愛するように息子を愛したら、当然、トラブルが起こってきます。

夫婦には、夫婦にしかない愛の表現があります。それは、なんと言っても性的関係です。これは、夫婦にだけ与えられた神からの祝福です。しかも、性の交わりを通して、新しい命が誕生するのです。これほど神聖なものはありません。

性的関係は、夫婦関係とその他の関係との決定的な違いです。これは、夫婦にだけ与えられた祝福なのです。

この区別が曖昧になると、せっかくの祝福が失われてしまいます。夫婦の神聖さが失われることによって夫婦関係が壊れ、家族が崩壊し、どれほどの痛みや苦しみがもたらされてきたことでしょうか。

私たちは、夫婦の神聖さを保ち、夫婦に与えられた最高の祝福を享受するものでありたいと心から願います。

夫婦の愛は「特別」

愛の表現には、やさしくする、親切にする、守る、励ます、支える、尊敬する、聴く、受け入れる……など、さまざまあります。しかし、これらは夫婦に限ったものではありません。夫婦以外でも見られる愛の表現です。

それでは、例えば、妻にやさしくするのと、隣人にやさしくするのは、同じでよいのでしょうか。いいえ、違います。そこには明らかな区別がなければなりません。同じであってはいけないのです。なぜなら、そこには神聖さが求められるからです。その意味で、夫婦の愛は「特別」なのです。

それでは、特別なやさしさとは、実際の言動としてどのようなものでしょうか。どこからが特別なのかという線引きをするのは、難しく思えます。

しかし、人の言動は、その人の心から生じるものです。自分にとって夫は、妻は、他の何者とも違う特別な存在なのです。だから、そのやさしさも特別なものになるのです。

私たちは、全人類約八〇億人のほぼ半分の異性の中から、たった一人のその人に出会ったとき、なぜか特別な感情を抱きました。他の異性には感じない、たった一つの特に別な感情です。これは奇跡的なことであり、神の存在を意識する瞬間でもあります。

夫婦の神聖さとは、夫婦が「特別」な存在だということなのです。

愛の優先順位

愛の対象は、数多くあります。親を愛する、子どもを愛する、他者を愛する、あるいは仕事を愛する、お金を愛する、趣味を愛する、夢を愛する……など。

その中で、夫婦の神聖さというのは、夫や妻を愛するということを優先順位の一番に置くことです。まず第一に、夫や妻を愛するということです。

私の知り合いで、長らく銀行で働いてこられた方がいます。その方は、ある額以上の預金のある顧客だけを担当する部署におり、いわゆるセレブと呼ばれる人たちに関わってこられました。その方が何十年もの間、何千人と関わる経験の中で、その成功が長続きするかどうかを確実に見分けるポイントがあると言われるのです。

それは、「夫婦関係が良いかどうか」だそうです。仕事よりも、お金よりも、趣味よりも、その他の異性よりも、まず夫を、まず妻を特別に愛する人は、真の意味で人生の成功者になれるのです。

さらに人生の優先順位で言えば、まず神が第一、そして夫婦、次に子ども、そして仕事や趣味と続きます。この優先順位を守ることは、人生に計り知れない祝福をもたらします。

「人は、神が結び合わせたものを引き離してはなりません」

（マルコの福音書一〇章九節）。

Story 10

永遠のテーマ――男女の違い

愛するとは、お互いの「性の違い」を尊重することです。

男性と女性は「違う」

夫婦関係が行き詰まる要因のトップとして挙げられるのは、「性格の違い」です。私はこれまでに、「私の夫は、火星人です」とか、「金星人、宇宙人、人間という種族ではありません」などと、どなたかが言うのを聞いたことがあります。それくらい「違う」ということであり、もはや理解不能な相手だということです。

そして、話をよく聞いてみれば、その「違い」とは、性格というより、男性と女性の性質の違いであることがほとんどです。この男性と女性の性質の違いは、夫婦関係を左右する永遠のテーマです。その違いが夫婦関係をより豊かにするか、それとも危機に陥らせるかは、まさに紙一重の差なのです。

目的志向とプロセス志向

よく男性は目的志向、女性はプロセス志向と言われます。例えば、デパートに食器を買いに行くとします。男性は、できるだけ入り口近くに車を停め、最短距離で食器売り場に行き、購入し、最短距離で帰って来ます。そして、食器を買うという目的を達成できれば、とても満足です。

しかし女性は、食器売り場へまっすぐには行きません。いろいろな売り場を見て回ってからにします。そして、食器売り場に到着しても、隣のデパートのほうが安いのではないかと思ったら、買うのをやめて隣のデパートに行きますし、結局、何も買わずに帰ることすらあります。でも女性は、こうしたプロセスを楽しむことができたので、とても満足です。

この両者が一緒に買い物に行くとすれば、お互いに不満が残ります。男性と女性では、満足を感じる部分が違うからです。最近では、私の二人の娘と妻がチームを組むので、私は太刀打ちできません。おとなしくカフェで仕事をしながら待つことにしています。

あるいは、こんなこともありました。結婚した当初、ちゃぶ台を囲んで二人で食事をしていました。なぜか私は、結婚前はレストランなどでデートをすると、よくしゃべりながら食べていたのです。しかし、結婚したとたん、黙って食事をするようになりました。家での食事は、食卓に出されたものを食べ切るのが目的だからです。

しかし妻は、食事をしているプロセスを楽しみたいのです。下を向いて目的達成のために黙々と食べている私は、妻に何度も、「あなたの頭しか見えない」

と言われたものです（実は、今も時々……）。

ワッフル思考とスパゲッティ思考

ある人は、男性はワッフル思考、女性はスパゲッティ思考だと言いました。

男性は物事をワッフルのように仕切りで分けて考えるのです。過去と現在、このこととあのことを、別々に分けて考えます。だから喧嘩している最中に、「きょうの晩御飯のおかずはなんなの」などと聞けてしまうのです。それはそれ、これはこれと、分けることができるからです。

一方、女性は、スパゲッティの麺のように物事を交ぜて考えます。区別が明確ではないのです。今のことを話している最中にも過去の出来事が交ざるのです。これはそれ、それはこれと交ぜることができるのです。

答えを出す男性と共感を求める女性

また、男性は答えを求め、女性は共感を求めます。

仕事から帰った夫に、妻が昼間に起こった出来事で悩んでいることを話します。話を聞いている途中から、夫は最善の答えを考え始めます。どうしたらその悩みを解決できるかを考え、最善の解決策を出そうとします。

しかし妻は、その答えに満足しないばかりか、さらに話を続けます。「だからこうしたらいいんだよ」と夫が多少イライラして言うと、「あなたは何もわかっていないのね」ということになるのです。

男性は、最善の答えを出し、見事に問題解決することで満足感を得ます。しかし女性は、悩んでいる気持ちを理解し、受け止められることを求めています。正解ではなく、「それは大変だったね」という共感を求めているのです。

あるアンケート調査によると、夫が妻に一番言ってほしい言葉は、「よくできたね」だそうです。妻が夫に一番言ってほしい言葉は、「そうだね」だそうです。男性はほめられることで、女性は共感されることで、お互いに自らの存在価値を確認するのです。

衝突か祝福か

パズルのピースのように、この男女の違いがお互いの足りない部分を補い合う形になれば、違いは衝突でなく、祝福となります。目的が明確でないと迷い、目的地に着くことができません。一方で、プロセスがないと人生の妙を楽しむことができません。思いがけない出会いや新しい発見がなくなってしまいます。両方があって真に豊かな人生となるのです。

聖書には、「受けるよりも与えるほうが幸いである」（使徒の働き二〇章三五節）とあります。男性と女性の性質の違いがなくなることはありません。ただ、それを衝突の種とするか、人生を豊かにする種とするかは、考え方一つです。愛することは、お互いの「性の違い」を尊重することです。

夫が妻に、「そうなんだ。それで悩んでいるんだね」と言い、妻が夫に、「良い解決策を教えてくれてありがとう」と言えたら、なんとすばらしいことでしょう。そして、自分から愛を与える者になれたら、男女の違いは大きな祝福となるでしょう。

Story 11

夫婦の誓い

「共に生きる」。
これ以上に大切なことが他にあるでしょうか。

誓いの言葉
「あなたは今、○○○と結婚し、神の定めにしたがって夫婦となろうとしています。あなたは、この結婚が神のみ旨によると確信し、良い時も悪い時も、富める時も貧しき時も、健やかな時も病める時も、この人を愛し、敬い、慰め、助け、そのいのちの限り変わることなく、堅く節操を守ることを誓いますか」
キリスト教式の結婚式は、とても人気があるようです。ここハワイでは、一日に二〇〇組以上の結婚式が行われます。海の見える白いチャペルでのウェディング・セレモニー……。夢がありますよね。

結婚式のプログラムにはさまざまありますが、キリスト教式の場合、式の中で最も大切な場面は、「夫婦の誓い」です。緊張の時です。この誓いの言葉を受けて、牧師による「父と子と聖霊の名」によって夫婦であることが宣言され、晴れて二人は夫婦となります。

この誓いの言葉は、キリスト教式の結婚式のためだけのものではなく、人類に与えられた普遍的な真理であると思います。

良い時も悪い時も

二人が歩む道には、さまざまなことが起きます。良い時、富む時、健やかな時、そして悪い時、貧しい時、病める時……。

夫婦とは、良い時のほうがうまくいって、悪い時は難しくなるとは限りません。貧しい時のほうが同志のような一致があり、一緒に苦労を乗り越えて行こうという気持ちが強く働くことがあります。逆に、富む時は、誘惑が増え、高慢になり、思い煩いに振り回され、夫婦関係が危機に陥ることもあります。

必ずしも、状況が良いから夫婦関係も良くなるとは限りませんし、状況が悪いから夫婦関係が悪くなるとも限りません。つまり夫婦関係とは、状況に影響を受けたとしても、それによって決定づけられるものではないということです。むしろ、さまざまに移り変わる状況の中でも、変わらずに夫婦が愛し合う関係を保つことができるとするなら、それは、状況ではない、別の何かで夫婦が結ばれているからなのです。

病める時も

数年前、私の妻は「ステージ4（末期がん）」の宣告を受けました。医師から余命宣告も受けました。がんは、肺から足の骨に転移していましたので、まず足の骨を補強する手術、そして肺の一部を摘出する手術を受けました。普通、「ステージ4」では手術をしないそうですが、妻の場合は、原発の肺の腫瘍がとても小さく、例外的に手術を受けることができました。

突然のがんの告知と手術は、生活を一変させました。そんな中で、「健やかな時も、病める時も」という誓いの言葉が、かつてないほどの重みをもって迫ってきたのです。しかし、その重みは、辛いものではなく、夫婦の絆をより確かなものにしてくれました。

結婚二七年目（執筆当時）にして、今、夫婦の絆が最も強いように思えます。置かれた状況は、確かに厳しいものですが、健やかな時には、健やかな時にふさわしい愛が、病める時には、病める時にふさわしい愛が、神さまから与えられるのだとわかりました。

そして、一つ気づいたことがあります。それは、この誓いの言葉の意味は、健康な私が病気の妻を愛するというのはそのとおりなのですが、もう一つ、病気の妻が変わらずに健康な私を愛するという意味もあるということです。自分が病んでいる時も変わらずに相手を愛するということが、この誓いの言葉には含まれているのです。その意味で、妻はこの誓いを果たしてくれています。

変わらずに愛する

それにしても、変わらずに愛するというのは、実際にできることなのでしょうか。それは、きっと愛する理由によるのでしょう。相手の年齢、容姿、性格、地位、立場、経済力など、移り変わるものを理由に愛するのであれば、もしその理由がなくなったとき、どうなるでしょうか。例えば、経済力がなくなれば、愛も終わるという、「金の切れ目が縁の切れ目」とならないでしょうか。

しかし、もし私たちが、その人の持っている「何か」ではなく、その人の「存在そのもの」を愛しているならば、状況が変わっても、愛は変わらないでしょう。なぜなら、その人がその人として存在していることは、状況に左右されず、何があっても決して変わらないからです。

とは言っても、人間は目に見える状況に左右されるものです。私と妻も、これまでの夫婦関係の中で、お互いに理解し合えない苦しみを経験しました。何度か夫婦の危機も通りました。しかし、今回の妻の病を通して本当に大切なのは、妻と共に生きることだとわかりました。「共に生きる」、これ以上に大切なことは他にないと気づいたのです。

相手の存在の尊さとは、その相手がいつかいなくなるかもしれないと痛感したときに気づくものなのでしょう。しかし、できるならば、それがわかる前に、病に直面する前に気づければ、それに越したことはありません。

「こういうわけで、いつまでも残るものは信仰と希望と愛です。その中で一番すぐれているのは愛です」（コリント人への手紙第Ｉ・一三章一三節）。

Story 12

夫婦の歩み

絶対に変わらない神の愛によって支えられる
夫婦でありたいと思います。

同じ歩調で歩く

先のお話の続きになりますが、キリスト教式の結婚式のクライマックスは、夫婦の誓いです。その誓いの最後の言葉は、「堅く節操を守ることを約束しますか」です。

「節操を守る」とは、誓いの言葉を守り、相手を裏切らないということです。不貞をしないという意味も含まれます。どんなときでも、変わらずに相手を愛するという誓いです。

誓いの言葉の中に、「健やかな時も病める時も」とあります。妻が足の手術をしたあとのことです。なんとか杖なしでゆっくり歩けるようになった頃でした。街中を二人で歩いていると、後ろから、「ちょっと待って、私は速く歩けないの」と声が聞こえます。いつの間にか、二人の間に二メートルくらいの距離ができていたのです。「あっ、しまった!」と、私は思い、すぐに妻のもとに引き返しました。

実は、そんなことが一回だけでなく、何回かあったのです。私は、妻の歩調に合わせることがいかに難しいかということを痛感しました。そして、いかに自分の愛が足りないかを示されました。

ある方が、「夫婦の歩みは、車のサイドミラーのようだ」と言いました。なるほど、と思いました。前と後ろは見えても、真横が死角で見えていないのです。いちばん見なければならない真横にいるはずの相手が見えていないなら、歩調を合わせることはできません。

夫婦の歩みは、いつの間にか歩調が合わなくなっていることがあります。しかし、愛することは、自分の歩調に相手を合わせることではなく、自分が相手の歩調に合わせることです。歩調を合わせることは、呼吸を合わせることです。相手の呼吸が聞こえるほど、すぐ真横に立って、一緒に歩むのです。「堅く節操を守る」。それは、相手がどんな状態でも、変わらずに共に歩むということです。それが愛することであり、夫婦の歩みなのです。

同じ方向を見て歩く

結婚式の最後は、新郎新婦の退場です。ここにも深い意味があります。夫婦は誠実に向き合うだけではありません。夫婦は、「同じ方向を向く」存在でもあるのです。退場は、夫婦が同じ方向を向いて歩き始めることを象徴しているのです。

結婚生活は、誓いの言葉のように、健やかな時もあれば、そうでない時もあります。

もし夫婦が愛と信頼で結ばれているなら、たとえ問題があったとしても、お互い誠実に向き合って話し合うことで解決することができます。しかし、そうでないなら、向き合うことで逆に糸が絡むように問題が深刻化し、話せば話すほど傷つき、行き詰まることがあります。

そのような状態にあるとき、多くの場合、「なぜ、あなたは……」というセリフが多くなっているものです。「なぜあなたはわかってくれないの」「なぜあなたはこれをしてくれないの」「なぜあなたはこんなことをするの」……。

そんなときには、夫婦の出発の原点に立ち返りたいものです。同じ方向を見て歩き始めたあのときに。目を相手に向けるのではなく、自分に向けてみましょう。「なぜ」と言うのではなく、「愛するためにはどうしたらいいか」と考えてみるのです。

何のために夫婦になったのでしょうか。それは、夫婦の誓いにもあったように、相手を愛するためです。愛するために共にいるのです。

愛するということは、相手を大切に想うことです。相手が大切にしているものを大切にすることです。それが同じ方向を見て歩くということなのです。

同じ愛を持って歩く

夫婦が夫婦であり続けることが、とても難しい時代です。同じ歩調で歩むのも、同じ方向を向くのも、そのように歩もうと思わせるエネルギーは、「愛」です。相手への愛があるなら、やり直すチャンスがあります。しかし、愛がなくなってしまったら、そのチャンスは少なくなります。

この本の最後にお伝えしたいことは、結婚というものは、また夫婦というものは、「神聖」であるということです。結婚式をキリスト教式でしたかどうかは問題ではありません。大切なのは、夫婦というものが神によって承認され、支えられているということです。

残念ながら、人の愛は変わり、冷えることがあります。そのような状況や感情によっていくらでも変わりえる人間の愛に支えられるのではなく、絶対に変わらない神の愛によって支えられる夫婦でありたいと思います。

聖書には、次のように書かれています。「愛する者たち。私たちは、互いに愛し合いましょう。愛は神から出ているのです」(ヨハネの手紙第I・四章七節)。ガソリンがなくなったら、ガソリンスタンドに行きます。愛が足りなくなったら、どこに行きますか。不足分の愛を相手に求めますか。それとも、もっと頑張って愛を振り絞りますか。

神は愛そのものです。だからこそ、愛の源である神のもとに行くことをぜひお勧めします。そこで、自分が神にどれほど愛されているのかを知るのです。そのとき、相手と同じ歩調で、同じ方向を向いて、前進して行く力が与えられるのです。

あとがき

この度、月刊誌『サインズ・オブ・ザ・タイムズ』に一年間（二〇一九年）に亘って連載された記事が、一冊の本として出版されることになりました。書き手として望外の喜びであり、心の底から感謝が湧き上がります。この喜びの理由は、単に本が出版されるということだけでなく、本になったことでより多くの人に読んでいただける機会が増えたからです。

世界の中心で何を叫びたいかと問われるならば、私の答えは、「神は、あなたを愛しています！」の一言に尽きます。この愛は、私自身が受けたものであって、今もこの愛によって生かされています。そして、これからの私の人生の旅路も、この神の愛の豊かさ、深さを、さらに知り続ける道なのです。結局、人間は、愛され、そして愛することができるときに、最も幸せなのだと思います。失恋や別離の痛みとは、愛されなくなったということ以上に、相手に愛を受け取ってもらえない、つまり愛することができなくなったがゆえの痛みなのです。

青春時代、私はギターをかき鳴らしながら、井上陽水の「夢の中へ」をよく歌ったものです。その歌詞に、「探しものはなんですか？……まだまだ探す気ですか？……探すのをやめた時／見つかる事もよくある話で……夢の中へ／行ってみたいと思いませんか？」とあります。私も、長らく探しものをしていました。母親探し、父親探し、そして自分探しをしました。しかし、探しても探しても見つかりませんでした。

なぜなら、探しものは目の前にあったからです。結局、私が探し求めていたものは、「真実の愛」でした。その愛は、私の目の前にあったのです。今この時、神が私を愛していてくださるという真実、事実に気がついたのです。大切なのは、探すのをやめて、真実の愛が今、目の前にあることに気づくことです。この気づきが人生の決定的な転機となることでしょう。そして、歌詞と違うところが一つ。神の愛は、夢の中にあるのではなく、現実にあるということです。本書を通して、一人でも多くの方が真実の愛に生かされる、そんな最高の人生に導かれるなら、これ以上の幸せはありません。

最後に、本書の出版にあたって、連載時から的確な編集、校正をしてくださった斎藤宣人氏（前副編集長）、そして常に励ましてくださった花田憲彦編集長に心から感謝を申し上げます。また、〝愛すること〟を忍耐をもって私に教え続けてくれる愛する妻れいに心から感謝しています。「福音社」の益々の発展と、『サインズ・オブ・ザ・タイムズ』の速やかな復刊を心から願い、神の祝福をお祈りいたします。

二〇二二年盛夏、ホノルルのそよ風を感じながら

関真士

関 真士　せき しんじ

1964年、東京オリンピックの年に生まれる。ポマードにリーゼントの時代から、剃り込みパンチパーマの時代、原宿竹の子族の時代を経て、サーファー、コック、さらに牧師へ。神の偉大な恵みによって今に至る。1984年、19歳のときに、日本料理のシェフとして渡米。サンノゼにあるサンタクララ日本人教会で救われる。1992年、東京聖書学院卒業後、日本で12年間牧会生活を送ったのち、2005年、40歳のときにハワイにあるホノルル・キリスト教会の牧師となり、現在に至る。家族は、愛する妻と4人の子ども。ハワイアンライフを満喫中。茶道表千家教授者。趣味は、サーフィンと料理。著書に、『家族に神のかたちを取り戻そう』『霊的成熟を目指して』（いずれも地引網出版）ほか。

愛に出会った！

2022年9月1日　初版第1刷　発行

著　者　　関 真士
発行者　　稲田 豊
発行所　　福音社
〒241-0802 横浜市旭区上川井町1966 F30
045-489-4347（電話）　045-489-4348（Fax）
印刷所　　株式会社 プリントパック

ISBN 978-4-89222-547-5 C0016